흔늘려서 따뜻한

흔들려서 따뜻한

초판 1쇄 2012년 7월 30일
지은이 김소해
펴낸이 김영재
펴낸곳 책만드는집

주소 서울 마포구 합정동 428-49번지 4층 (121-887)
전화 3142-1585·6
팩스 336-8908
전자우편 chaekjip@naver.com
출판등록 1994년 1월 13일 제10-927호
ⓒ 김소해, 2012

---

* 이 책의 전부 또는 일부 내용을 재사용하려면 사전에 저작권자와
  책만드는집의 동의를 받아야 합니다.
* 잘못 만들어진 책은 구입하신 서점에서 교환해드립니다.
* 본 도서는 2012년 부산문화재단 지역문화예술육성지원사업의 일부지원으로
  제작되었습니다.

ISBN 978-89-7944-401-8 (04810)
ISBN 978-89-7944-354-7 (세트)

김소해 시집

책 만 드 는 집
시인선 023

흔들려서
따뜻한

책만드는집

| 시인의 말 |

첫 시집을 내었을 때 부끄러워서 내가 내 책을 읽어볼 수가 없었다.
속내를 들켜버린 부끄러움이리라.
그러면서 그 부끄러운 짓을 또 하고 있다.
뿐만 아니라 했던 말 또 하고 같은 이미지 또 쓰기까지 말이다.
언제쯤 이 한계를 극복할 수 있을까?

해 아래는 새것이 없나니 무엇을 가리켜 이르기를 보라 이것이 새것이라 할 것이 있으랴. 우리 오래전 세대에도 이미 있었느니라.(『전도서』)

유사 이래로 사람의 심성은 다 비슷한가 보다. 새롭지 않은 사물들을 새롭게 보아내는 통찰력이 있다면 망원경 없이도 우주를 보아내리라.

부끄럼을 무릅쓰는 일이 시조에 발 들인 죄업이라 생각하고 다시 열심을 내어본다.

─2012년 7월
김소해

| 차례 |

4 · 시인의 말

1부

13 · 물수제비
14 · 다대포
15 · 딸기망치
16 · 썰물
17 · 하늘 빗장
18 · 남항
19 · 무화과
20 · 청사포
21 · 살풀이
22 · 금강
23 · 숨은 말
24 · 가족

2부

27 · 해금을 켜는 여인
28 · 원효대사 1
29 · 원효대사 2
30 · 진달래
31 · 입춘, 그 답신
32 · 봄입니다
33 · 춤, 달빛 소나타
34 · 민들레
35 · 이기대 파도
36 · 사부자기 걷고 싶은 남해는
37 · 유배지에서 하룻밤
38 · 남해 섬은 그렇다
39 · 여름 들판

3부

- 43 · 찔레꽃
- 44 · 동행
- 45 · 내 사랑은
- 46 · 악기 소리
- 47 · 사월 아침
- 48 · 바람 언덕
- 49 · 들꽃 축제
- 50 · 사과주 시간
- 51 · 무령왕릉 박물관
- 52 · 그래島
- 53 · 기차 여행
- 54 · 고층 빌딩 페인트칠하기
- 55 · 별, 이야기

59 • 귀에 익은 발소리
60 • 죽방림
61 • 강강술래
62 • 아찔한
63 • 보살 나무
64 • 고무나무
65 • 아버지의 집
66 • 보리피리
67 • 고속열차
68 • 낡은 가로등
69 • 나이가 아득하면

5부

73 • 폭설
74 • 박꽃으로
75 • 시작
76 • 별똥별
77 • 노거수의 전설
78 • 나목
79 • 이제 서로
80 • 우울증에 관한 처방
81 • 먹물 강
82 • 건강검진
83 • 밥
84 • 무늬목
85 • 노사 관계
86 • 청령포

87 • 해설 1 _ 정영자
93 • 해설 2 _ 김일연

1부

물수제비

문자가 없는 나는
고작 그게 편지였네

물 위를 뛰어가는
깨금발 조약돌

세상에!
속엣말 한가운데
뜨겁게 딛고 가네

다대포
−낙동강 하구에서

태백을 떠메고 온 강 이제는 쉬고 싶다
삼랑진 세물나루 두물머리 물금 지나
마지막
포구이구나
새 떼들 동무 찾는 곳

물살 져 너른 바다 여기 와서 어울리면
대양을 휘둘러 출렁이며 돌아오리
돌아와
어깨를 걸고
다부동까지 가보는 밀물

저녁 해도 집을 찾아 찬란히 접는 하루
수고한 손바닥을 가지런히 챙겨 든다
다대포
된 숨을 고르며
닿아야 하는 기도처

딸기망치*

망치도 이쯤에서는 꽃잎으로 다가와서
종소리 부드러운 망치가 딸기랍니다
은공예 두드려 접는
핸드메이드 주얼리

문텐로드 달빛길을 치장하는 은빛 손가락
강한 척 내 허세도 순하게 녹아지고
딸기는 붉은 심장으로
다듬질을 하고 있네

* 해운대에 있는 은공예 공방 상호.

썰물

잔잔히 가득하여 평온한 해안선이

한사리 물때에는 속수무책 만 평 개펄

꺼멓게 드러난 속 바닥
한 생이 돌아눕는다

하늘 빗장

어디에 신은 계신지 알시도 못하지만
아들의 가는 길에 한 그릇 찬물이나마
밝히어
부탁할 수 있다면
빌고 또 빌 뿐입니다

심장의 무게가 고작 깃털 하나일진대
영혼의 무게는 어느 저울입니까
그 저울
찬물 한 그릇에
밝아오는 동녘 하늘

저 깊은 저울 위에 송두리째 얹습니다
새벽빛 물의 무게 산처럼 높습니다
마침내
당신 기도에
풀려오는 하늘 빗장

남항
-자갈치 앞에서

폭풍우 치는 밤도
너의 순한 잠을 위해

이물은 고물에게
고물은 이물에게

견고한 어깨 내어주며
바람 막아 홀로 높다

무겁게 지고 온 짐 하나 둘 내리세요
다치고 허기져도 토닥이며 안아준다
당신의 무릎 아래 들어
풀고 있는 고단한 잠

출항의 아침이면 닻을 감는 고깃배들
파도는 길동무 무적 소리 설레는데
곤하면 돌아와 쉬게 하는
품 너른 남항 아닌가

무화과

꽃 속에 말이 있어
펼치면 흠이 될까

숨겨도 진한 향기
소리보다 멀리 간다

익어서
가 닿으리라
몸으로 쓴 네 문장

청사포

머언 길 다녀오신 파도 소리도 소리지만
새벽이 높도록 내가 나를 그리워하여
갯마을
기슭으로 온다
간 맞추어 넉넉한 곳

포근히 손을 잡는 동백꽃 붉은 언덕
봄빛 은유 스며들어 꽃물 든 마을에는
깃들면
다독이는 포구
날개 젖은 새도 온다

멸치 떼 파닥이는 통통배 아침이면
망설이던 출항의 꿈 나도 이제 돛 올리고
내 삶의
비망록 한 장을
맑게 읽고 가는 파시波市

살풀이

은하에 닿기까지 뻗은 손 들숨이다
발끝은 명부冥府에 닿기도 하겠구나

네 영혼 저 끝에 가서
날숨 받자 하더니

가랑잎 바스라지듯 육신은 저기 두고
내 치성 이만하면 되겠느냐 사랑아

한사코 열리지 않는 문
길을 닦아 드려보자

손끝마다 날개를 달아 그네를 타는 명주 수건
피리 소리 풀어내며 닫힌 문 열고 간다

드디어 눈부신 새 한 마리
깊은 하늘
맑은 춤

금강

삭히고 또 맑아서 곰나루* 비단 강이네
사랑은 길이 멀어 물 아래로 흘러지이다
남은 건 비단 폭 외길
하늘 끝에 닿겠네

한 오리 목숨 받아 왜 이다지 울음인가
풀잎의 이슬에도 발목 빠져 떠내려간다
가다가 어느 기슭에
연꽃 꺾어 드리고픈

웅녀야 네 기도가 무겁게 실리더니
벼랑에 여울 틀어 물비늘 찬란하다
처녀림 첫새벽 바다에
수줍은 듯 닿는 강

* 雄鎭, 곰과 나무꾼의 슬픈 전설이 전해온다.

숨은 말

바닷가 새벽길에 직박구리 한참 시 낭송

명치에 닿는 구절 뜻을 물어 다가서도

모르면 모른 대로 좋아라
글자 밖의 숨은 말

가족
―이규옥 유작전에서

가족이란 그렇구나 수레를 함께 미는 것
보따리 허름하나 이삿짐은 많을밖에
식구들 여섯이나 밀어
아버지 견딜 만하다

수레 끝에 태운 아이 등에 업힌 젖먹이도
제 나름 힘을 보태 바퀴 한결 가볍다
저마다 땀방울 하나씩
이마에 달고 있다

2부

해금을 켜는 여인

사랑의 해독解讀에는 두 줄이면 족하리
내 땅과 네 하늘이 팔을 뻗어 맞닿으면
떨리는 개밥바라기
엄지손가락 계인契印을 찍고

소리의 질긴 현에 울음 얹어 채를 들면
미물도 맑은 눈으로 젖을 물려 순해진다
명주실 두 가닥으로
품을 여는 어미네

원효대사 1

하나인가 하여 보면 둘이요 또한 하나
그 마음 둘러메고 먼지 길 여기에서
대승의 앞섶에 닿으면
송장 물도 화엄이다

주해나 경전이나 산인 듯 높다마는
엉켜진 이음매는 풀지도 못한다
법문은 바람인가 하여
말문 닫고 글문 닫아

밭 갈고 물 긷는 필부필부 경전임에랴
득도의 시정에는 남루도 짐이라면
회향回向*이 멀리 있겠느냐
두드리는 조롱박

* 중생이 도에 이르도록 도와주는 것.

원효대사 2

당신이 꿈꾸어 주신 화엄 천지 어니입니까
맨손으로 가꾸어온 논밭이나 장터거나
마지막 뼈를 묻겠다며
섬겨왔던 도道를 두고

뉴타운 대도시가 공룡보다 의젓하게
흔들고 말면 그뿐 너나없이 공범입니다
쉽사리 보이지 않는 경계
내비도 못 찾는 길

천 년이 몇 번인들 배고픈 나는 늘 배고프고
신화 같은 경제성장 몇만 불 소득에도
당신이 품어야 할 노숙
그때처럼 춥습니다

진달래

살아온 갈피들을 넘겨보니 아득하다
영문을 모르거니 까닭인들 알겠는가
골짜기 말은 없어도
얽힌 뿌리 꽃이 핀다

해 뜨면 들에 가고 해 지면 잠을 자는
주는 대로 살다 가는 언덕배기 그곳에도
봄이 와 말문 열리며
진하게도 꽃 핀다

걸어온 산하마다 사람살이 곡진하여
주름살 깊이만큼 발자국 깊어져도
고운 꽃 돌아보지 못한 채
혼자서도 붉은 꽃

입춘, 그 답신

친구야 잘 있니? 문자를 보내본다
잔설 골짝에도 눈뜨는 버들개지
네게만 들려줄 이야기
남겨두고 있겠다

저 겨울 이야기는 생략해도 알겠다
고운 발 부르튼 채 그대로 오려무나
꽃망울 분주한 매화 가지
문득, 박새 두 마리

엄동의 짧은 해는 꽁꽁 얼어 닫혔지만
입춘 햇살 앞자락 기어이 순해진다
설한도 녹여줄 햇볕
그 답신이 오고말고

봄입니다

사월을 온통 덮은 복사꽃 환한 배꽃
메마른 가슴에도 꽃물에 신명 들어
발이야 걸음 닿는 대로
부르터도 좋겠다

목숨 있어 죄가 되는 먼지인가 싶다가도
등 대인 기슭마다 살아 있어 고운 날
메나리* 가락에 실린 마음
꺾어 넘는 봄입니다

사람살이 때를 씻어 흐드러진 꽃 무더기
기꺼이 내리쬐는 봄볕 실컷 따라가면
꽃밭에 뒹굴어도 좋을
꽃밭 속에 나도 꽃잎

* 농부가.

춤, 달빛 소나타

너를 불러 붙드는 서 달빛 소나기
바다는 숨을 죽이고 썰물이나 밀물일 뿐
한 여인 몸으로 받아
대답하는 춤이 있네

간절함도 비우고 다시 비우는 몸짓 앞에
하늘에 닿고 싶은 그리움의 깊은 호흡
우주는 영겁의 파동
꽃이 피는 정적이네

민들레

울타리 양지쪽에
내가 더러 졸고 있어도

편안한 봄날에는
그냥 보아주시게

모퉁이 삶의 한 자락
그 틈새에 노란 꽃

이기대 파도

벼랑을 딛고 가며 파도는 맨발인 채
그대 만나러 가던 날의 기억처럼 미쁜 물 파랑
솔바람 솔 소리 그대로
파도 소리 둥글다

가까이 가면 안다 고요가 거기 있는
너나들이 어긋나던 우리들 철없음도
돌아와 나리꽃 핀다
맨발 감싸 안으며

사부자기 걷고 싶은 남해는

지금도 바람 한 점 그대 마음 흔드는가
흔들려서 따뜻한 사랑인 줄 알겠네
바닷가 모랭이 마을
그 길에 어룽지는

경치 좋아 사부자기 걸어보는 바래길도
저만치 돌아보며 놀이 삼아 걷지는 말게
아득한 노동길이네
보릿고개 살리던

좁작한 지겟길은 황톳길 자갈이네
이웃은 이웃끼리 두레하며 넓어진 길
다락논 가난만큼 높아도
가난하지 않았네

유배지에서 하룻밤

나 이제 돌아왔네 지친 항해 끝나는 여기
연실같이 풀어내어 밤새운 이야기들
만선은 아닐지라도
기다리는 그대 있어

심신의 닻을 내리고 쉬어도 좋겠네
파도가 읽어주는 잠언을 들어보게
목울대 적막의 세상도
간이 들어 삼삼하다

바다가 경영하는 먼지 낀 가내공업
밤늦은 잔업에는 노사가 따로 없다
목숨 줄 유배에 닿으면
서로서로 등 기댄다

남해 섬은 그렇다

저물녘 난바다는
마을로 돌아오고

허기를 한 짐 지고
노을도 따라온다

다랭이 서너 돼기면
고루 다 먹이는 섬

여름 들판

나락꽃 피고 있다 구수한 쌀밥 냄새
맡을 수 있을까 흙 묻지 않은 내가
한가슴
두근거리는 그리움
내 태어난 땅 냄새

지쳐도 기다리며 나락꽃 피고 있다
땡볕도 작달비도 몸으로 받아내며
나를 또
먹여 키우겠다고
천지간에 창창한 힘

3부

찔레꽃
−우스토베를 지나며

조선의 흰옷으로 하얗게 너는 피고
우두커니 바라보는 나는 차마 미안하다

피붙이 보듬지 못해도 네가 있어 달랬구나

어디든 발을 묻고 살아보면 고향이리
찔레 피우는 땅이면 곡식도 피우리라

낯선 땅 황무지에다 강을 내어 벼농사

간다고 돌아간다고 얼마나 울었던지
우스토베 정거장이 대동강으로 변했구나*

까레이, 디아스포라 천년 같은 강이 진다

* 우스토베 지방의 고려인 민요 가락.

동행

할머니는 남편 묘를
밭가에 두었지요

밭일도 중참도 함께
힘들지 않았지요

한 말 땅 내어드려도
멀리 보내지 않았다

육 남매 장손 며느리
마흔여덟 아직 일러

궂은일 넋 없을 때면
손을 주는 남편 덕에

아흔은 마냥 마흔여덟일 뿐
치자 향기 짙었다

내 사랑은

네가 하늘— 하고 말하면
나는 이냥 하늘이네

내가 바다— 하고 부르면
너도 그냥 바다였네

수평선
머나먼 끝에서 만나는가 우리 사이

악기 소리

물미해안 삼십 리 길
술 한잔의 붉은 낙조
오죽하면 유배도 잊고 신선으로 살았을까
천 리 밖 섬 하나의 비경
일출 너머 또 월출

솔숲은 꽃내花田 마을 달을 밀어 올리더니
급기야 섬을 밀어 구름 속에 띄운다
섬사람 얼굴마다는
하늘 갔다 온 미소

"돌밭이라 초가집에 사시사철 풍년이라"*
인심이 풍년이면 "스랄랭딩" 악기 소리
천수답 자갈이거나
앵강만 몽돌마저

* 자암 김구 선생이 남해에서 13년 유배 생활 중에 지은 「화전별곡」의 한 구절.

사월 아침

누가 나를 보고 있는지 뒤통수가 따가웠다

바빠도 돌아보지 않을 수 없었는데

왜 그냥
지나가느냐며
볼이 트인 목련꽃

바람 언덕

모래바람 언덕에도
잡은 손 놓지 말자

우리 사랑 자물쇠의
열쇠는 찾지 말자

약속은 깍지를 끼고
단단하게 서 있다

들꽃 축제

미나리밭에 가서 미나리아재비꽃
가만히 읊조리니 아재비 걸어온다
어릴 적 책보 들어주던 당메골 아재비

말 더듬어 다리 절고 친구 없기는 나도 한가지
동화책 읽으면서 노랗게 서로 웃던
아재비 꽃이 되었으면 분명 미나리아재비꽃

상긋하게 입맛 돋운 미나리 점심 밥상
오십 년 전 천진한 웃음 들꽃도 한창이다
이 봄날 책보 들어준다며 아재비 달려온다

* 마니리아재비 꽃말은 '천진난만'.

사과주 시간

주사 놓는 간호사가 엉덩이 찰싹 때리듯이
사과를 깎는 칼이 엉덩이 한 번 때린다
그래야 잘 깎이는 껍질
사과는 아프지 않고

홍옥의 달콤함과 짜릿한 알코올 냄새와
더불어 어울리는 당신에 관한 기억
향기는 찌르는 것이라고
주삿바늘 같은 아픔

진공의 병을 닫아 술이 익는 가을
응어리 껍질들은 말갛게 삭아간다
사과주 한잔의 시간
아프지 않은 발효

무령왕릉 박물관

전磚돌의 정교한 집 봉분 높이 다듬어서
경건을 받들어도 돌아가야 하겠기에
묵직한 돌문을 닫아 나누었던 경계선

외롭지 마시라고 배고프지 마시라고
노리개며 밥그릇 숟가락도 넣어두고
꽝 꽈앙 금못 박아두었다 떠돌지 마시라고

이마를 짚는 빛줄기 드디어 풀린 문고리
천년에 몇 굽이를 삭지 않은 위엄으로
지금 막 날개를 치며 솟아오른 탑을 보네

그래島

난파선 조각 하나
망망대해 떠돌면서

그래도 어디에 꼭
섬 있다는 소문 하나

그래島
우리는 그 섬에
가 닿았다
아버지

기차 여행

언제나 우리들은 고향 하나쯤 품고 산다
어린 날 보리 냄새 휘파람도 들려오는
오늘은 기억의 언저리
열차표를 사고 싶다

내 마음 깊은 곳 닿지 않는 끄트머리
어느 날 낯선 역에 잊고 내린 내가 있어
한 번 더
길 떠나고 싶다
기적 소리 먼 소리

고층 빌딩 페인트칠하기

밧줄아, 너는 정녕 얼마나 튼튼하냐
내 사랑을 받아낼 만큼 질겨야 하느니라
하루 치 작업 일지는
고공의 묘기더라도

바람의 긴 등줄기 믿고 선 다리에게
수직의 암벽이야 푸른 풀밭 부드럽다
두 발을 받쳐 든 허공
단단하게 엎드린다

별, 이야기

아재별 농부자리
할머니별 길쌈자리

밤하늘 저리 많은 별
많아야 하는 까닭 있어

하나씩 밝히고 싶다
호명하면 따뜻한

4부

귀에 익은 발소리

색이라 할지라도 어찌 다 그립니까
당신이 깊어지면 색은 외려 줄어들고

응답을 기다리다가
모서리만 건드리네

일렁이는 숲 한 자락 그린다 하더라도
초록 물든 여백에는 건네야 할 말이 쌓여

화폭에 받아 어르네
반짝이는 햇볕까지

가는 대로 붓을 따라 모퉁이 돌아들면
수사는 죄다 벗고 통점 없는 길이 오네

옆모습 언저리에는
귀에 익은 발소리

죽방림

내게도 어느 한때
그런 적 없었겠나

참나무 굵은 말뚝
촘촘히 박아두고

돌이켜 나가는 길목
두고 못 찾는 안타까움

강강술래

육십갑자 한 바퀴를 다 돌아오는 동안
돌멩이 하나까지 목숨 있음을 보았느니
가앙강
잡은 손마다 꽃이 피고 있음이여

아낙네가 어찌 다리를 들어 올린단 말가
기껏 팔을 들어 어깨를 들썩여보는 것과
걸음을
사뿐사뿐하게 떼어보는 것으로

물재박기* 바가지 엎어놓고 두드리면
장구 소리 쿵더덕쿵 춤이라 했는지요
수월래
아무려면 어떤가 신명이면 꽃이리

* 물을 담는 제법 큰 옹기.

아찔한

승강기 문틈 사이 집 열쇠 빠트렸다
쪼르르 미끄러지는
보고도 놓치고 만다

예사로 보던 틈 사이
내 전부 빠져 아찔한

현금인출기 개폐문 틈 사이
자동차 열쇠 꾸러미 숨어들고 닫혔다

다급한 출근길 멈추고
긴급 전화 시 한 줄

보살 나무[*]

곰솔도 보살이라 여섯 갈래 삼백 년
말을 잃고 있을 때도 하늘 소리 받아 온다
세상사 결국은 한 뿌리
마을은 단잠 들고

부대껴 시달리는 해풍이나 세월 같은
바람 들어 속은 헐고 동굴이 깊어 있네
빈속을 채워 담는가
사람마다 많은 기도

어쩌면 이렇게도 이럴 수 있겠는가
어울려야 사느니라 비비고 기대면서
턱, 하니 버티고 앉은
저 장엄한 가부좌!

---

[*] 부산 기장에 한 뿌리에 여섯 그루가 어울린 3백 년 된 해송이 있다.

고무나무

화분에 고무나무 외골수로 뻗어간다
가지가 벌어지면 모양이 좋을 건데
가운데 성형으로 잘랐다
예쁘기를 빌면서

잘린 자리 하얀 피 흘리는 게 아닌가
이차돈 흰 핏방울 저랬을까 뚝뚝 진다
저 위해 잘라주었건만
하소연 피 흘린다

아프기는 하겠지만 자를 것은 잘라야지
당신을 위한다고 칼을 들이대던 일
말없이 피 흘리는 모습
희디희게 보입니다

아버지의 집

퇴직금 손때 묻은 아버지 연립주택
주인이 늙어가니 집도 같이 늙어가서
재건축 삽날에 무너진다
힘이 없는 노구들

도심 속 외딴 동네 열한 가구 나날들은
복도가 골목이라 네 집 내 집 허물없더니
초고층 흙더미 속에
흩어지는 얼굴들

열아홉 평이라 해도 대하소설 파노라마
삼십 년 돌고 돌던 영사기 필름들이
먼 훗날 출토될 유물
웃음소리 묻는다

보리피리

당신은 울지 않은 울음을 내가 대신 지고

쌓여서 산인 채로 펼칠 수가 없습니다

펼치면 쏟아질까 봐 서해바다 출렁인다

상처 난 황톳길은 지금도 굽어 있고

천 리를 내리 걸어 한 땀 한 땀 짚어온 길

보리밭 수만의 잎새들 피리 불지 못합니다

고속열차

오늘도 외길 위에 가야 하는 나를 본다
빠를수록 빛나는 걸음 헛디디면 안 되지
종착역 다음 역명은
묵언으로 남기면서

산다는 건 아슬하게 평행으로 가는 레일
남도창 한두 소절 그늘이 깊어질 때
그 자리 열차 기다린다
해인으로 가는 차표

낡은 가로등

그래, 네가 있어
기다리고 있었구나

여기에 길이 있어
여기가 집이라고

굴곡진 생이 돌아와
안부를 묻는 골목

나이가 아득하면

다세대 놀이터에 아이들 떠드는 소리

때로는 위아래층 다투는 소리까지

헤아려 들을 줄 안다
살아 있는 사람 소리

5부

폭설

왕대밭 저렇게 꽃 피워도 되나 몰라
꽃 피면 죽음인 줄 아는지 모르겠네
꿋꿋한 직립의 지조마저
팔을 벌려 받는 업

함부로 내려앉는 어깨 위 눈송이들
하늘에 솟은 왕죽 그도 마음 설레는지
우지직 허리를 꺾어
드러내는 저 속내

마디는 고를 풀어 피리 소리 구멍이다
누구도 대신 못 할 눈부신 짐을 두고
뜨겁게 꽃 피워 올린
댓잎 푸른 사랑이다

박꽃으로

빨래 가야 한다며 남강으로 바쁜 할머니

치매의 굽이에도 대가족 빨래 걱정

한생은 지문이 되어
박꽃으로 참 희다

시작詩作

소나기 한차례 밤을 훑고 지나간다

천지가 홀로 깨어 깊은 울음 우렛소리

대금이 바람 소리 낸다
저 빛나는 번개…… 시詩

별똥별

네 별에 여직 못 닿은 부음의 기별 있어
광년을 헤아리며 자박자박 가고 있다
저 혼자
걷는 길이라
목선처럼 더디다

화석으로 남은 편지 또 그리 긴 문장이다
문장마다 인불을 밝혀 낱낱이 읽을 동안
별똥별
아— 그제서야
그 기별이 닿았는가

노거수의 전설

아내가 달아나도 잡지 못한 그 남자
입 하나 덜어지고 넓어지던 단칸방
진창길 건너 딛는 발 옹이도 굵어졌네

노송의 드러난 뿌리 산맥에 걸리면
아무나 울릴 수 없는 거문고 깊은 소리
수평선 파도의 화음 주상절리 벼랑이네

다섯 송이 들국 같은 자식들 붙들어서
잔뿌리 가는 길을 바위도 틈을 주어
나이테 넓혀간 내력 일대기가 꽃이네

나목

남들 다 알도록 울던

푸른 울음 이제 말고

마른 울음 느티나무

벗은 몸으로 따뜻하다

산까치
시린 발 녹이려
가지 하나 감싸 쥔다

이제 서로

주름져 걸어오거나 너울져 달리는 파도
넘어지며 무릎 깨며 부딪쳐 보는 거야
때마침
울고 싶은 바위
때리기도 하면서

바위도 더러는 가슴 열고 싶어질 때
파도가 먼저 알고 하얗게 열어젖혀
철썩, 꽝
하나 되는 웃음
이제 서로 보인다

우울증에 관한 처방

끝이 없어 시작이 없는
둥근 공간 둥근 공허

그러므로 황홀하여라
어디든 중심이다

네 자리 우주 회전 중심축
흔들리지 말아라

먹물 강

가보로 전해오는 그림 없는 비단 평풍
어렵게 화가 한 분 붓을 들고 마주 서다
석 달을 꼬박 새우고
끝과 끝까지 먹물 한 줄기

화가는 사라지고 열두 폭 아연하다
노승이 지나다가 넌지시 던진 낚대
먹물 강 뜨겁게 출렁이고
은어 떼 퍼덕이다

건강검진

X레이 사진에는 관절마다 시리더니
제주 돌 구멍 숭숭 가볍게 닮아간다
안부는 희미하게나마
인화지에 부탁하고

청진기가 짚어내는 마음속 변두리에
병소病巢는 어디일까 현미경은 어지럽고
실핏줄 길을 따라가면
거기 있을 내 실체

가랑잎 바삭거리듯 날개 다친 나비 한 마리
꽃송이 하나까지 몸살하며 피어나는
제 상처 제가 닦는 처방전
어루만져 읽고 있다

밥
-농기구 박물관에서

도리깨 타작마당 탈곡기 돌아간다
힘겨운 까스라기 땀방울에 찔리던 날
가마솥 가득 보리밥
식솔들만 먹었으랴

목숨 있는 무엇이면 아무거나 고루 먹여
적으면 적은 대로 인심은 배부르다
여지껏 김 나는 밥 한 그릇
어머니의 경전이다

무늬목

상수리 한 그루가 내 안으로 걸어와서
오래된 일기장을 수줍게 보여준다

든든한 팔이나 잔가지
집 지어도 좋겠다

상처는 피 나지 않고 되레 단단한 옹이
들보가 되어도 좋을 너는 한 채 집이다

아물어 화려한 무늬
집 한 채가 꽃이다

노사 관계

거래처 찾아다니나 늦은 시간 들어오니
김 기사 혼자 남아 엔진 소리 윙윙댄다
꺼내는 햄버거 몇 개
서로는 씩 웃는 것으로

참이슬 조은데이 이름만큼 좋은 날
"위하여" 힘찬 구호 한마음 여덟 식구
어디가 손익분기점인지 몰라도 괜찮다

청령포

이렇게 답답한 날은 청령포에 가 보리라
앞을 분간할 수 없는 비바람 회오리
내 하소 당신만큼이나 실었으면 합니다

된바람 진눈깨비 종다리도 다녀가고
초롱꽃 불 밝혀서 꽃잔대 잔 올려도
여태껏 기다려 있습니까 내 오기만 기다린 듯

초분의 둥근 집도 풀릴 것은 풀어지고
끌고 온 길지 않은 길들을 바라보며
은입사 고운 무늿결 새겼으면 합니다

| 해설 1|

다랑논과 바래길
그리고 남해 정신의 아름다움

정영자 문학평론가 · 부산문인협회 회장 · 부산국제문학제 집행위원장

 파랗게 멀리 펼쳐진 가을 하늘이 맑고 높지만, 꽃을 피우며 아름답게 내려오는 하늘은 더욱 아름답다. 시의 마음은 하늘을 담아내는 것이고 시의 물길은 땅의 이치를 그대로 표현하는 것이다. 산자락이 아름다운 능선을 만든 것은 하늘이 함께하기 때문이요, 산의 울림이 깊은 것은 계곡이 함께하기 때문이다. 시의 능선은 산자락과 계곡이 만나는 텅텅 빈 하늘이다가 빼곡하게 숲을 기르는 나무들의 합창이 함께할 때 더욱 뚜렷하게 보이고 들린다. 나이가 들어가고 문학의 길이 아득해지는 세월에 이르면 내면으로 익어가고 내려앉는 우리말, 우리 가락, 우리 전통에 익숙해진다. 역사의 물길이기보다 태생적인 우리의 습이 오랜 기간 그러한 것에 일상화되

어 있기 때문이리라.

  김소해 시인은 농토를 한 뼘이라도 더 넓히려고 산비탈을 깎고 석축을 쌓아 계단식 다랑논을 일구어온, 100층이 넘도록 촘촘한 등고선 그림을 낳은 남해인이다. 척박한 생활환경을 극복하기 위하여 산비탈을 깎고 지겟길을 만들어 대량 채취가 아닌 일용에 필요한 양만큼 채취하여 운반하던 바래길을 걸어 생명의 길을 열어간 선조들의 생활력과 근면을 그대로 보고 배워서 익혀가는 시인이다. 남해군 설천면 출신으로 1983년《현대시조》와 1988년〈부산일보〉신춘문예에 시조로 등단하여 2010년『치자꽃 연가』를 상재하고 두 번째 시집『흔들려서 따뜻한』을 다시 선보인다. 첫 시조집에 나타난 남해 고향의 진한 풍광과 고향 사랑은 두 번째 시집에서도 이어져 남해 정신의 진수가 그대로 녹아 있는 생활과 아름다움, 어떻게 살아왔고 살아가야 할 것인가의 아름다운 바다와 길이 보인다.

    할머니는 남편 묘를
    밭가에 두었지요

    밭일도 중참도 함께
    힘들지 않았지요

한 말 땅 내어드려도
멀리 보내지 않았다

육 남매 장손 며느리
마흔여덟 아직 일러

궂은일 넋 없을 때면
손을 주는 남편 덕에

아흔은 마냥 마흔여덟일 뿐
치자 향기 짙었다
―「동행」 전문

    우리들만의 민족문학의 형식인 시조는 7백여 년의 긴 역사 속에서 민족문학을 대표하는 장르로 세계문학 속에 큰 흐름과 기둥을 세우고 있다. 절제의 미학을 통하여 온아한 미의식과 함께 한국적인 특이성을 보여주고 있는 「동행」은 아직도 우리들 일상의 농촌에서 만날 수 있는 풍경이다. 보여지는 피사체로 남아 있는 정경을 그대로 보이면 풍경이 되지만 그 풍경을 통하여 내면의 감흥과 정취를 담아 단아한 기품으로 격조 있는 노래를 만들면 그것은 시가 되고, 간결한 형식, 절제된 언어, 시상의 흐름을 알맞게 통제하면서도 특이한 변이를 소화해내는 서정 구조를 가질 때 시조문학의 감동적인 미의식과 만나게 된다.

    문자가 없는 나는
    고작 그게 편지였네

    물 위를 뛰어가는
    깨금발 조약돌

    세상에!
    속엣말 한가운데
    뜨겁게 딛고 가네
    ―「물수제비」 전문

  물수제비의 문자화, 그리고 깨금발로 뛰어가는 조약돌의 귓속말은 현대의 문자 메시지를 넘어선 감동의 문자요, 언어다. 작고 예쁜 우리들 유년의 돌팔매 형식인 물수제비 놀이와 그 놀이가 만들어낸 물 위의 흔적을 시조로 승화시켰다. 시인은 일상적인 것에서 천상적, 심층적, 내면적인 것을 일구어가는 순수와 범상치 않음을 보이고 있다. 정형을 이어가

되 정형의 딱딱함에 안주하지 않고 형식을 흔들어 보면서도 결코 그 정형을 무너뜨리지 않는 절제와 자유를 능숙하게 다루고 있다.

  김소해 시인은 시조 형식 같은 사람이다. 절제와 내공을 쌓아 온 연륜의 바탕은 사랑이다. 그 사랑은 결코 헤프지 않다. 고향은 사람을 낳고 사람은 고향을 빛낸다. 시인의 고향 남해에 대한 사랑은 남해 특성과 남해 사랑을 종합적으로 노래한 「사부자기 걷고 싶은 남해는」에서 절정을 보이고 있다.

    지금도 바람 한 점 그대 마음 흔드는가
    흔들려서 따뜻한 사랑인 줄 알겠네
    바닷가 모랭이 마을
    그 길에 어룽지는

    경치 좋아 사부자기 걸어보는 바래길도
    저만치 돌아보며 놀이 삼아 걷지는 말게
    아득한 노동길이네
    보릿고개 살리던

    좁작한 지겟길은 황톳길 자갈이네
    이웃은 이웃끼리 두레하며 넓어진 길

다락논은 가난만큼 높아도
가난하지 않았네
 －「사부자기 걷고 싶은 남해는」 전문

 바닷가 모랭이 마을과 사부자기 걸어보는 바래길의 정과 사랑이 넘치는 생활길은 바로 삶의 길이요, 생명의 길이었다. 지게만이 지날 수 있는 좁고 작은 비탈의 황톳길은 이웃과 협력하여 다락논이 만들어졌고 그 다락논의 눈물겨운 산비탈 가파른 작은 논은 부지런함이 풍요를 구가하게 만든 동인이 된 것이다. 가천 다랭이 논이야말로 우리들이 가장 쉽게 만날 수 있는 남해 사람의 생활력과 도전 정신, 작고 작지만 활용할 수 있는 가능함을 최대로 활용한 환희와 성공의 바탕이다. 「사부자기 걷고 싶은 남해는」 연작 시조를 통한 빼어난 남해의 풍광은 아름다움을 넘어 신성한 노동과 소통과 협력을 통한 이웃과의 행복을 시화한 명쾌한 역사요, 전통이며 남해 문화와 역사의 종합적인 안내요, 그 특성이다.
 김소해 시인의 노래는 지금부터 거침없이 흘러나오는 시간이 된 듯하다. 마음껏 노래하여 그의 슬픔이, 그리움이 사랑과 감사로 평범하면서도 평범하지 않은 우리들의 역사와 문화로 남게 되기를 바란다.

| 해설 2 |

뜨거움을 내장한 발효의 언어

김일연 시인

  김소해 시인은 등단 30년이 멀지 않은 시인이다. 김 시인이 등단할 당시에는 지금처럼 지면이 많지 않았던 빈약한 시절이었으니 김 시인은 훨씬 열악한 시절부터 시조의 베이스를 지켜온, 시조의 아름다움과 가치에 일찌감치 눈뜬 시조 시인인 것이다.
  침착하고 부드럽고 넉넉한 성품처럼 시인의 시도 그렇게 다가왔는데 모든 조용한 절제는 그 속에 뜨거운 에너지를 감추고 있듯이 그의 두 번째 시집 『흔들려서 따뜻한』에도 그 넉넉한 부드러움과 편안함 못지않게 숨겨진 갈증의 격렬함과 밀도 높은 감정의 뜨거운 흐름 또한 당당하게 드러나 있었다.

언어를 넘어 찾아가는 사물의 숨은 뜻

 어른이 되면 껍질을 뚫고 날아간다. 따뜻하고 온화한 환경, 어머니의 품과 같은 아늑한 곳을 가르고 날아간다. 무릇 날아가는 자의 자세는 그러하다. 그냥 남아 있으면 썩는다. 그러나 깨고 날아가면 부활의 아침을 맞는다. 연한 벌레가 딱딱한 껍질을 가르고 나오기까지의 지난함이란 나비로 나타나는 모든 알레고리와 생명이 가진 운명 같은 것이다. 그리하여 껍질을 깨고 나온 자는 영원을 얻는다.
 세속의 욕망이든지 아니면 세속의 욕망에서 놓여나고 싶은 꿈이든지 인간이 가진 가장 큰 욕망은 바로 이 나비의 꿈이 아닌가.

 문자가 없는 나는
 고작 그게 편지였네

 물 위를 뛰어가는
 깨금발 조약돌

 세상에!
 속엣말 한가운데

뜨겁게 딛고 가네
―「물수제비」 전문

작고도 크다.

시는 '물 위를 날아가는 돌팔매'라고 했다. 턱힌 시대의 한가운데에서 '돌은 바로 보려는 정신이며 물결은 그것을 불가능하게 하는 삶'이라고 했을 때 그보다 더 본연으로 들어간다면 '돌은 날고 싶은, 초극하고 싶은 인간의 꿈이며 물결은 그것을 불가능하게 하는 현세적 삶'이라고 할 수는 없을까. 한데 흐르는 물과 그 물을 박차고 튀어 오르는 조약돌은 이처럼 치열한 긴장 관계에 있다.

나도 물수제비를 날려본 일 있다. 물수제비를 날릴 만한 조약돌은 좀 날렵한 모서리를 가져야 한다. 세월에 풍화될 만큼은 풍화되어야 하고 쪼개질 만큼은 쪼개지는 아픔도 겪어야 한다. 오랜 세월 자신을 정련해가며 묵묵히 기다리고 있었던 조약돌 하나를 집어 물 위를 향해 날렵하고 빠르게 날린다. 막연한 어릴 적의 어떤 꿈을 조약돌에 실어본 것일까. 그러나 그 순간 조약돌이 가진 날고 싶은 꿈을 본 건 아닐까. 조약돌을 날려 보내며 나를 날려 보낸다. 그리고 나를 날려 보내는 이 행위는 나아가서는 조약돌을 날려 보내는 행위로 다시 돌아온다. 조약돌이 가진 조약돌의 꿈은 이렇게 실현된다. 무거운 돌이 어떻게 나. 돌은 몇 번 튀어 오르다가 물속에 잠기고 말지만 튀어 오르는 그 순간은 생명을 갖고 이처럼 시詩가 된다.

문자가 없던 내가 문자를 넘어 튀어 오르는 순간은 얼마나 뜨거운 속말이 필요할 것인가. 그 가장 화려한 순간 조약돌의 발바닥은 제일 뜨겁다. 조약돌은 이미 돌이 아닌 것이다. 조약돌이 돌을 넘어선, 이 짧은 비행의 순간이 '세상에!'라는 감탄사를 종장 첫 구로 올리게 했다.

시인은 이처럼 문자 없는 것이 가진 문자를 세상으로 이끌어낸다. 마치 콩과 소금으로 된장과 간장을 빚어내듯이 문자 밖에 있는 사물의 비의를 찾아내는 그의 언어는 경험과 성찰이 녹아 있는 발효의 언어라 하겠다. 시인의 '문자로 전하지 못한 편지'는 다소곳하게는 사랑하는 누구에겐가 전하지 못한 고백이거나, 진지하게는 조약돌로 표상되는 물상들의 뜨거운 꿈이거나 그 다소곳함 속에 감추어진 뜨거움으로 인하여 더욱 산뜻하게 다가온다.

바닷가 새벽길에 직박구리 한참 시 낭송

명치에 닿는 구절 뜻을 물어 다가서도

모르면 모른 대로 좋아라
글자 밖의 숨은 말
—「숨은 말」 전문

평생 사람으로만 살아본 사람과 사람으로서와 함께 새와 같은 생명 있는 것들과 조약돌 같은 생명 없는 것들의 삶까지도 살아보며 살아가는 사람의 차이는 하늘과 땅보다 더 크다. 그것은 눈으로 보는 것과 마음으로 보는 것의 차이이기도 하여 세상을 마음의 눈으로 보는 시인은 새의 노래도 그냥 지나치지 않는다. 조약돌의 말이 "뜨겁게 딛고 가"는 "한가운데"에 있었다면 직박구리의 노래는 "바닷가 새벽길에" 훨씬 시원하고 명랑하게 있다. 직박구리의 소리를 더 가까이 들으려고 다가서는 그 밝고 행복한 기운이 종장 첫 구 "모르면 모른 대로 좋아라"에서 환하게 전해진다. 즐거움과 함께 활짝 핀 해방감 속에서 시인이 있는 그곳에 나도 발걸음을 오래 멈춘다.

모든 것은 지나간다. 갈수록 시간은 빠르게 가고 누구도 되돌릴 수는 없지만 그러나 우리는 살면서 시간이 정지되는 순간을 만난다. 좋아하는 그림 앞에서 종일을 서성인다. 좋은 시집을 읽고 또 읽는다. 사랑하는 이의 얼굴처럼 '오래 바라보는 것'이나 '오래 바라보게 하는 것' 속에서는 직박구리의 노래가 무슨 뜻인지 몰라도 좋다. '문자 밖의 숨은 말'이 무엇인지 모르면 모르는 대로 좋은 그 넉넉함에 웃음이 감돈다. 그렇다. '문자 밖의 숨은 말'을 다 보여줄 필요는 없다. 「숨은 말」과 같은 단시조는 생략이 과감할수록 그 품고 있는 상상력의 범위는 크고 깊어진다. 그 큰 상상력의 범위가 우리로 하여금 오래 바라보게 하는 것이다. '너무 많이 보여주려 하면 아무것도 전달되지 않는다'는 말은 단시조를 쓸 때 꼭 새겨보아야 할 말이다. 김소해의 「숨은 말」은 쉬운 표현에 담긴 큰사람의 마음자리가 돋보이는, 종장의 울림이 오래 전해져 오는 아름다운 단시조이다.

자연이 주는 오묘한 숨은 상징을 간파하는 시인은 작품 「내 사랑은」에서 "네가 하늘— 하고 말하면 / 나는 이냥 하늘"이고 "내가 바다— 하고 부르면 / 너도 그냥 바다"인 경지에 이른다. 서로 구속하지 않는 자연. 물은 순리대로 흐르고 잎과 꽃이 순리대로 피고 지는, 시인은 이미 자연의 일부가 되어 있는가. 사물의 언어를 듣는 것에서 나아가 그들과 하나 되기를 원하는 시인의 마음의 품이 이와 같이 넓다. 모든 존재를 지어내는 것은 인간의 마음 아닌가.

감정의 밀도를 높여가는 역동의 시정신

 시인의 문자 밖의 언어는 문자에 얽매이지 않는 대자유의 공간으로 퍼져나간다. 매이지 않는 자유로운 시정신은 솟아오르는 역동적 에너지를 가져 만상으로 확산되어간다.

> 너를 불러 붙드는 저 달빛 소나기
> 바다는 숨을 죽이고 썰물이나 밀물일 뿐
> 한 여인 몸으로 받아
> 대답하는 춤이 있네
>
> 간절함도 비우고 다시 비우는 몸짓 앞에
> 하늘에 닿고 싶은 그리움의 깊은 호흡
> 우주는 영겁의 파동
> 꽃이 피는 정적이네
> ―「춤, 달빛 소나타」 전문

 오래전 밤바다에 가서 이런 달빛과 물결을 본 적이 있다. 시야를 가득 채우고 있던 숨 막히게 아름다웠던 그 황금빛이 지금도 잊히지 않는다. 그때처럼 바다에 소나기 달빛이 쏟아진다. 그 찬란한 빛은 밀물과 썰물이 오갈 때마다 파도에 실려 온몸으로 춤을 춘다. 그 춤은 무언가 간절하다. 그 간절함은 간절하다 못해 그 간절함마저 비우고 또 비우는 몸짓이며 한 여인으로 표상되는 바다가 하늘에 닿고 싶어 들이쉬고 내쉬는 그리움의 깊은 호흡으로 나타난다. 이 순간 그 깊은 호흡인 파도는 우주가 내뿜는 영겁의 파동과 같다. 영겁의 파동만 있을 뿐 만상은 숨을 죽였다. 한 하늘이 열린다는 개화—꽃이 피는 그 순간의 정적과도 같은 내밀한 정적이 흐른다. 그리고 진정 영겁의 파동 속에서 신비한 우주의 꽃은 피어난다.

유한자가 무한자 앞에서 느끼는 숭고미와 정신적 아름다움은 소나기로 쏟아지는 수직의 달빛과 수평적 바다의 대비, 밀려오고 밀려가는 파도의 전후 대비, 파동 치는 파도와 꽃 피는 정적의 대비로 더욱 돌올해진다. 이처럼 극명한 대비를 이루는 자연의 신비 속에서 달빛과 물결이 서로 온몸으로 대답하는 춤이 꽃피고 있는 것이다.

주름져 걸어오거나 너울져 달리는 파도
넘어지며 무릎 깨며 부딪쳐 보는 거야
때마침
울고 싶은 바위
때리기도 하면서

바위도 더러는 가슴 열고 싶어질 때
파도가 먼저 알고 하얗게 열어젖혀
철썩, 꽝
하나 되는 웃음
이제 서로 보인다
―「이제 서로」 전문

「춤, 달빛 소나타」의 역동성은 「이제 서로」에 오면 더욱 격렬한 움직임을 갖는다. 달빛과 바다의 수직과 수평의 대비는 달빛이 바위로 바뀌면서 강도가 더욱 업그레이드되었다. 몸으로 대답하는 춤의 움직임과 꽃이 피는 정적의 극명한 대비는 파도의 꺾임과 바위의 덩어리, 파도의 곡선과 바위의 직선, 파도의 운동성과 바위의 정지성, 물의 부드러움과 바위의 견고성의 놀라운 대비와 함께 달리며 넘어지며 무릎 깨며 부딪쳐, 급기야는 "철썩, 꽝"으로 폭발하고야 만다. 그 모든 극적인 대비의 운동성이 폭발하여 하나가 되었다. 하나 되어서야 이제 서로 보인다. 부딪쳐 넘어지며 때리며 가슴 열리고 그렇게 하나 되며 하나 되어서야 이제 서로 보이는 것임을 깨닫는 시인의 밀도 높은 감정의 무늬는 점점 커져간다.

사월을 온통 덮은 복사꽃 환한 배꽃

메마른 가슴에도 꽃물에 신명 들어
발이야 걸음 닿는 대로
부르터도 좋겠다

목숨 있어 죄가 되는 먼지인가 싶다가도
등 대인 기슭마다 살아 있어 고운 날
메나리 가락에 실린 마음
꺾어 넘는 봄입니다

사람살이 때를 씻어 흐드러진 꽃 무더기
기꺼이 내리쬐는 봄볕 실컷 따라가면
꽃밭에 뒹굴어도 좋을
꽃밭 속에 나도 꽃잎
―「봄입니다」 전문

 하나가 되는 것―합일보다 더 좋은 건 없을까. 있다. 복사꽃, 환한 배꽃이 세상천지를 뒤덮은 날, 세상에 살아 있다는 것이 고마운 날, 느꺼워 발 부르트도록 아무 곳이나 쏘다니고 싶은 날, 꽃밭에 뒹굴어 "꽃밭 속에 나도 꽃잎"이 되어버리는 것이 바로 그것이다. 당신과 하나 되는 것보다 그냥 당신 속에 들어가 당신이 되어버리고 싶다. 그러나 여기까지는 어디까지나 보편적인 시인의 몫이다.

김소해 시인의 특별한 점은 이토록 좋은 봄을 맞는 그의 마음이 메나리 가락에 실려 있다는 것이다. 메나리 가락은 농부가 일할 때 부르는 노동요이다. 꽃밭 속에 뒹굴고 싶은 그의 마음은 단지 꽃이 아름다워서만이 아닌 것이고 빌 부르트도록 걷고 싶은 마음도 단지 꽃 마중하러 가고 싶은 마음만이 아닌 것이다. 이 봄날 "살아 있어 고운" 것은 이 봄이 가져올 노동의 경건한 출발이 함께 있어서 그러한 것이요, 그리하여 이 봄날의 꽃 무더기는 "사람살이 때를 씻어" 흐드러져 있는 꽃 무더기이다. 시인이 "꽃밭 속에 나도 꽃잎"이 되어 뒹굴고 싶은 벅찬 마음은 이처럼 자연 속에 함께하는 삶의 의지에 닿아 있어 더 특별한 개성을 지닌다.

흙에 대한 참감각과 온유돈후한 서정

지금으로부터 1억 년 전 한반도 남해안은 공룡 천국이었다. 공룡마저도 살기 좋았던 비옥한 우리나라 남해안이었나 보다. 그리고 사람의 살림이 3천 년 전 고대 청동기 시대부터 시작된 농경문화로 터전을 잡았다. 그리고 지금까지 그때의 그 나락꽃은 핀다.

나락꽃 피고 있다 구수한 쌀밥 냄새
맡을 수 있을까 흙 묻지 않은 내가
한가슴
두근거리는 그리움
내 태어난 땅 냄새

지쳐도 기다리며 나락꽃 피고 있다
땡볕도 작달비도 몸으로 받아내며
나를 또
먹여 키우겠다고
천지간에 창창한 힘
―「여름 들판」 전문

  우리의 곡창 남쪽 나라, 끝 간 데 없는 여름 들판에 나락꽃 핀다. 그 풍경이 벅차다. 여름 들판에 피는 나락꽃을 보며 "구수한 쌀밥 냄새"를 맡는 시인. 그러나 시인은 여기서 이러한 쌀밥 냄새를 맡는 것조차 조심스럽다. 지금 내게 "흙(이) 묻지 않"았기 때문이다. 지금 흙을 묻히지 않고 살아가는, 왠지 미안한 나의 가슴은 "땅 냄새"를 맡고 "두근거리는 그리움"으로 "한가슴"이다. 그 나락은 나를 기다리고 있다. 가지 못하는 나를 기다리고 있기에 더욱 미안하고 그립고

조심스러운 것이다. 나락은 지쳐도 기다리며 땡볕도 작달비도 몸으로 받아내며 나를 먹여 키우겠다고 창창한 힘 천지간에 뻗치고 있다. 내가 떠나도 나를 기다리는 나락에는 3천 년 전부터 이 땅의 인간을 먹여 살려온 유전자가 면면히 끈끈하게 이어져 내려오고 있다. 이처럼 시인의 자연의 땅, 혹은 고향에 대한 인식은 인간을 먹여 키우는 땀 밴 삶의 터전으로서의 그것이다. 나락이 나를 기다리고 있다는 인식은 떠난 자식을 걱정하며 기다리는 어버이의 그것에 다름 아닌 것이다.

저물녘 난바다는
마을로 돌아오고

허기를 한 짐 지고
노을도 따라온다

다랭이 서너 뙈기면
고루 다 먹이는 섬
―「남해섬은 그렇다」 전문

이처럼 고향은 쌀밥 냄새로 기억되지만 그런 냄새는 늘

허기와 함께 있다. 다시 말하면 허기와 함께 있기에 고향은 쌀밥 냄새로 기억되는 것이다. 지구가 기억하는 결핍의 시대는 백만 년이지만 풍요의 시대는 길게 잡아야 4, 50년을 넘지 않는다. 인류의 유전자는 아직 결핍의 유전자로 남아 있으며 저물녘이 되어 돌아오는 고기잡이배들과 함께 고깃배들이 몰고 오는 난바다가 섬마을에 안길 때 허기를 한 짐 지고 따라오던 노을처럼 우리 태어난 고향도 늘 허기와 함께 있다. 고향은 그런 어려움 속에서도 우리를 먹이고 살렸다. 그러나 어렵게 먹이고 키운 그 배고픔이 지금은 정신의 풍요가 되어 있지 않은가. 작품의 모든 소재와 자양, 그것은 바로 지나간 시인의 삶에 다름 아닌 것이다.

앞에서 생명이 가진 가장 큰 욕망은 바로 나비의 꿈이 아닌가, 했다. 그러나 인간은 이율배반적 모순의 존재. 그 꿈의 반대편에 탯줄과 같은 수구초심의 긴 끈 하나를 드리워놓는다. 사람에게는 지나간 삶—고향으로 이어진 그 끈을 통한 끝없는 자양의 공급과 비상의 꿈이라는 양극이 언제나 함께한다. 영원히 끊을 수 없는 탯줄의 끝에 있는 배고픔, 허기라는 기억의 창고에서 어떻게 그리 평생을 퍼내어도 그리움이 남는 자양이 솟아나올 수 있는가. 고향 없는 자의 슬픔이여. 떠돌이의 외로움이여.

삶의 자양이 되어 있는 그때 그 바람 한 점 지금도 그대 마음 흔든다. 흔들려서 따뜻해진다. 마음도 흔들려서 사랑으로 따뜻해진다.

    지금도 바람 한 점 그대 마음 흔드는가
    흔들려서 따뜻한 사랑인 줄 알겠네
    바닷가 모랭이 마을
    그 길에 어룽지는

    경치 좋아 사부자기 걸어보는 바래길도
    저만치 돌아보며 놀이 삼아 걷지는 말게
    아득한 노동길이네
    보릿고개 살리던

    좁작한 지겟길은 황톳길 자갈이네
    이웃은 이웃끼리 두레하며 넓어진 길
    다락논 가난만큼 높아도
    가난하지 않았네
    ―「사부자기 걷고 싶은 남해는」 전문

'모랭이'는 '산이나 들길을 살짝 돌아가는 모서리'를 이르는 순우리말이며 '사부자기'는 '별로 힘들이지 않고 가볍게'

란 뜻의 부사이고 '바래길'은 '어머니들이 물때에 맞춰 소쿠리를 들고 나가 해초류와 조개 등을 담아 오던 길'이다. '바래'라는 말은 '바닷가에서 해초를 따거나 어패류를 채집하는 일, 또는 그 일을 하는 사람'이라는 뜻이라고 되어 있다.

푸른 바다를 바라보며 남해안 바래길을 걷다 보면 예의 가인리 공룡 발자국 화석 터가 나오고 '좁작한 지겟길', '두레하며 넓어진 길'과 같은 길들이 아름다운 풍광 속에 이어진다. 그러나 시인은 이러한 아름다운 길도 "놀이 삼아 걷지는 말" 일이라고 충고한다. 시인에게 흙은 노동의 상징이고 '좁작한 지겟길', '두레하며 넓어진 길'은 보릿고개를 먹여 살리던, 전통적이고 숭고한 가치를 유지하고 있는 경건한 '노동 길'에 다름 아니기 때문이다.

〈워낭소리〉란 독립영화가 생각난다. 농부 할아버지와 소와 땅이 한 몸이었던 그 이야기처럼 여름 들판이거나 바닷가 모랭이 마을 바래길이거나 남해 섬이거나 모두 삶의 터전으로서의 자연에 대한 시인의 감각은 그 진솔함으로 인하여 막연한 거짓 감각이 아닌 참감각으로 다가온다. 단순한 심미적 대상을 넘어선 일체감으로 인하여 시인의 시는 더욱 진정성을 부여받는다. 여름 들판의 쌀밥 냄새 흙냄새는 신성하고 경건한 고향 땅을 환기시키고 가난도 가난인 줄 모르고 두레하며 사랑으로 살던 소박한 고향 사람들에게로 이어진다.

미나리밭에 가서 미나리아재비꽃
가만히 읊조리니 아재비 걸어온다
어릴 적 책보 들어주던 당메골 아재비

발 너듬어 다리 절고 친구 없기는 나도 한가지
동화책 읽으면서 노랗게 서로 웃던
아재비 꽃이 되었으면 분명 미나리아재비꽃

상긋하게 입맛 돋운 미나리 점심 밥상
오십 년 전 천진한 웃음 들꽃도 한창이다
이 봄날 책보 들어준다며 아재비 달려온다
―「들꽃 축제」 전문

 미나리밭에 가서 미나리아재비를 생각하는 시인의 마음이 곱다. 첫 수 초장의 시작이 무심한 듯 빼어나다. 미나리아재비는 먹을 수 없는 풀. 아무리 해도 미나리는 될 수 없는, 그저 미나리 오라비도 아니고 그보다 한 다리 건너 한동네에 사는 일가붙이 정도의 아재비밖에 될 수 없는 미나리아재비. 미나리만 가득한 미나리밭에서는 누구도 잊어버릴 법한 미나리아재비. 먹는 채소 미나리밭에서는 명함도 못 내밀 것 같은 못 먹는 풀 미나리아재비. 아니, 보이기만 해도 당장

뽑아버릴 미나리아재비가 아닌가. 가까운 듯 먼, 먼 듯 가까운, 어울릴 듯 어울리지 못하는, 외롭고 애련한 느낌의 재미있는 이름, 미나리아재비. 시인은 그러한 미나리아재비를 생각하며 자연스럽게 미나리아재비 같던 당메골 아재비를 떠올린다. 천진한 웃음 띠며 책보 들어준다고 달려오는 당메골 아재비는 정말 어느 산길, 어느 들길에나 아이 같은 해맑은 웃음 날리며 흔들리고 있는 미나리아재비꽃 같지 않은가. 첫 수 종장과 마지막 수 종장의 호응이 아름답고 편안한 「들꽃 축제」는 김소해 시조의 가장 완결미 높은 작품 중의 하나로 보인다.

고향의 기억을 가진 시인의 시조의 표정은 환한 웃음, 친근함, 따뜻한 사랑이다. 그리고 이러한 표정 속에 담겨 있는 그의 사상은 온유돈후, 그것이다. 폭력을 휘두르는 시들 속에 이처럼 온유한 정서를 담아내는 작품은 눈에 잘 띄지 않기 십상이다. 그러나 스피드의 시대, 시에서조차 과격한 결합이나 충격요법을 일삼는 폭력의 때일수록 이러한 느림과 여유, 쉼의 치유는 절실히 요구되는 것이 아니겠는가. 누가 현대사회에서의 시의 의미를 묻는다면 상처의 치유라 말하겠다. 그의 시를 읽고 있으면 시의 폭언에 상처 입은 우리 시심도 편안하게 치유되는 것 같지 않은가. 「들꽃 축제」「사부자기 걷고 싶은 남해는」에서 보는 바와 같이 그의 작품에서는 사람과 자연을 사랑하는 두터운 정이 풍겨 나온다. 우리가 느끼는 것은 진심 어린 애정일 뿐 사람을 불편하게 하는 모난 기교가 없다. 우리 마음이 힘들 때마다 고향처럼 우리를 쓰다듬어 줄 것 같은 김소해의 황톳빛 시조들은 그 서정의 울림이 두텁고 무느러우며 은은하다.

두텁고 부드러운 곡선의 4음보 운율

신라인의 높은 정신세계를 아름다운 서정으로 드러낸 우리 최초의 정형시가 양식인 향가는 4음보, 우리 시가 문학에서 가장 돋보이는 장르인 시조도 역시 4음보이다. 현대시조는 우리의 철저한 우리 문화에 대한 자기 인식과 이를 뒷받침해주는 양식의 견고성으로 인하여 지금 현재에 존재해 있는 것이다. 3음보가 명랑 쾌활 활달한 걸음이라면 4음보의 특성은 격할 때는 파도 같은 우주의 리듬을, 차분할 때는 대하와도 같은 유장함과 더불어 안정적인 장중한 힘을 가진다.

김소해 시조가 세련되지 않은 듯한 여유 속에 진중한 것은 그 심성도 심성이려니와 힘을 뺀 편안한 리듬 속에도 비밀의 일단이 있는 것 아닌가 한다. 그리고 또한 목에 힘주지 않고 물길 흐르듯 이끌어가는 순한 운율에서 이러한 순정하고 따뜻한 울림도 나오는 것 아니겠는가.

시집 『흔들려서 따뜻한』에서는 거칠게 '언어를 넘어 찾아가는 사물의 숨은 뜻', '감정의 밀도를 높여가는 역동의 시정신', '흙에 대한 참감각과 온유돈후한 서정'으로 가름하여 살폈으나 「살풀이」 「강강술래」 「원효대사」 등 우리 문화와 인물에 대한 관심과 「금강」 등 향토애에 뿌리한 작품, 「아버지의 집」과 같은 현실 반영의 작품도 있어 시인의 시선이 광범위한 스펙트럼을 갖고 있음을 확인할 수 있었다. 시인의 시조는 시를 위한 시가 아닌 인간을 위한 시, 인간의 진솔한 삶을 위한 곡진한 노래들이다. '시가 언어를 완성시킨다'고 하면 또한 '시조가 우리의 언어를 완성시킨다' 하겠다. 가장 아름다운 시는 아직 쓰이지 않았으니 언제나 행복한 고통 속에 시인 된 기쁨 만끽하시길 바란다.